U0607683

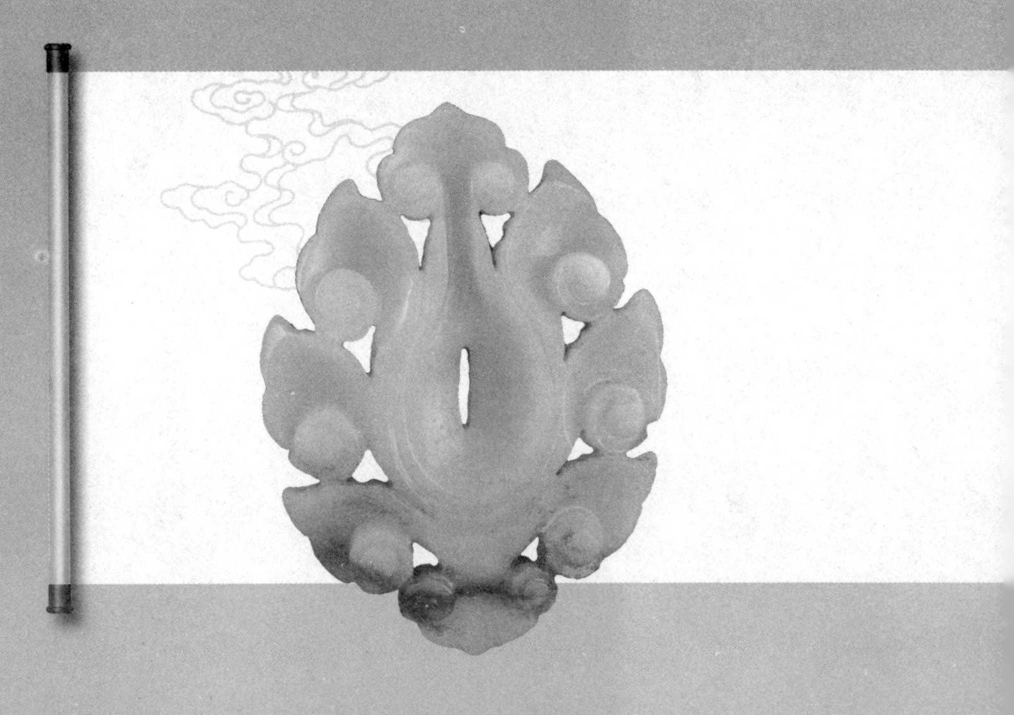

明清时期的『宦官』

◎主编 金开诚

◎编著 王泽妍

吉林文史出版社
吉林出版集团有限责任公司

图书在版编目（CIP）数据

明清时期的“官当”/王泽妍编著．—长春：吉林出版集团有限责任公司，2011.4（2022.1 重印）
ISBN 978-7-5463-4969-5

Ⅰ．①明… Ⅱ．①王… Ⅲ．①典当业－经济史－中国－明清时代 Ⅳ．①F832.38

中国版本图书馆 CIP 数据核字（2011）第 053398 号

明清时期的“官当”

MINGQING SHIQI DE GUANDANG

主编/金开诚 编著/王泽妍
项目负责/崔博华 责任编辑/崔博华 钟 杉
责任校对/钟 杉 装帧设计/柳甬泽 王 惠
出版发行/吉林文史出版社 吉林出版集团有限责任公司
地址/长春市人民大街4646号 邮编/130021
电话/0431-86037503 传真/0431-86037589
印刷/三河市金兆印刷装订有限公司
版次/2011 年 4 月第 1 版 2022 年 1 月第 5 次印刷
开本/640mm×920mm 1/16
印张/9 字数/30千
书号/ISBN 978-7-5463-4969-5
定价/34.80元

关于《中国文化知识读本》

文化是一种社会现象，是人类物质文明和精神文明有机融合的产物；同时又是一种历史现象，是社会的历史沉积。当今世界，随着经济全球化进程的加快，人们也越来越重视本民族的文化。我们只有加强对本民族文化的继承和创新，才能更好地弘扬民族精神，增强民族凝聚力。历史经验告诉我们，任何一个民族要想屹立于世界民族之林，必须具有自尊、自信、自强的民族意识。文化是维系一个民族生存和发展的强大动力。一个民族的存在依赖文化，文化的解体就是一个民族的消亡。

随着我国综合国力的日益强大，广大民众对重塑民族自尊心和自豪感的愿望日益迫切。作为民族大家庭中的一员，将源远流长、博大精深的中国文化继承并传播给广大群众，特别是青年一代，是我们出版人义不容辞的责任。

《中国文化知识读本》是由吉林出版集团有限责任公司和吉林文史出版社组织国内知名专家学者编写的一套旨在传播中华五千年优秀传统文化，提高全民文化修养的大型知识读本。该书在深入挖掘和整理中华优秀传统文化成果的同时，结合社会发展，注入了时代精神。书中优美生动的文字、简明通俗的语言、图文并茂的形式，把中国文化中的物态文化、制度文化、行为文化、精神文化等知识要点全面展示给读者。点点滴滴的文化知识仿佛繁星，组成了灿烂辉煌的中国文化的天穹。

希望本书能为弘扬中华五千年优秀传统文化、增强各民族团结、构建社会主义和谐社会尽一份绵薄之力，也坚信我们的中华民族一定能够早日实现伟大复兴！

目录

一、清朝之前中国典当业的发展

典当业，是伴随着人类私有财产的出现，特别是货币经济的发展而产生和发展的。货币作为社会交换和金融流通的中介手段，成为衡量价值和财富的主要标准之一，它在古代社会中的作用日趋重要。一般城乡人民或多或少都需要通过使用货币以换取必要的生产和生活资料，缴纳朝廷和官府派征的赋税，有时还要用以交付田租房价债息。以金钱

作为主要计算单位的借贷关系和典当关系在这样的社会历史背景下发展起来，并在不同的历史阶段有不同的发展水平、形式和特点。

（一）南北朝典当业兴起

中国典当业之肇兴，发端于宗教事业，即公元4—5世纪时南朝(420—589年)的佛寺，名为“质库”或“长生库”。《南齐书·褚渊传》载：“(其弟)澄字彦道……尚宋文帝女庐江公主，拜驸马都尉。历官清显……渊薨，澄以钱万一千，就招提寺赎太祖所赐渊白貂坐褥，坏作裘及缨，又赎渊介帻、犀导及渊常所乘黄牛。”可知褚渊生前曾将太祖赐赠的白貂坐褥及裹发巾(介帻)、犀角做的导发具(犀导)和坐骑等，作为抵押品送入招提寺质库质钱。褚渊为官节俭，因而“百姓赖之”。至其死后，“家无余

财，负债至数十万”，可知其至寺院质钱之由。世祖诏称“司徒奄至薨逝，痛怛恸怀，比虽尪瘵，便力出临哭。给东园秘器，朝服一具，衣一袭，钱二十万，布二百匹，蜡二百斤”。至于其弟褚澄所用赎钱之数，亦应包括质息在内，而本息比例今日已难以计算。

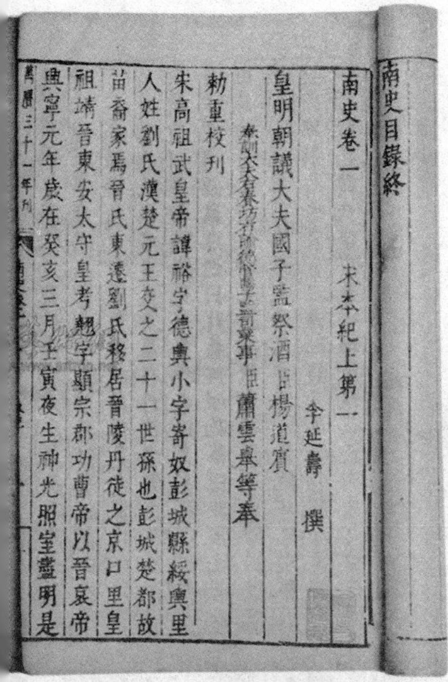

《南史·甄法崇传》载：“法崇孙彬。彬有行业，乡党称善。尝以一束苎就州长沙寺库质钱。后赎苎还，于苎束中得五两金，以手巾裹之。彬得，送还寺库。道人惊云：‘近有人以此金质钱，时有事，不得举而失，檀越乃能见还，辄以金半仰酬。’往复十余，彬坚然不受。”梁武帝萧衍还是布衣之时，即已对甄彬的风行美誉有所耳闻，至其登位之后即赐任他为益州录事参军、带郫县令。梁武帝沉溺佛教，曾三次舍身同泰寺要公卿大臣资赎身，建佛寺无数。

南朝梁被称为“贞节处士”的庾诜，

还有一段以书质钱为邻人解难的佳话。《梁书·庾诜传》载："庾诜字彦宝，新野人也。幼聪警笃学，经史百家无不该综，纬候书射，棋算机巧，并一时之绝。而性托夷简，特爱林泉。十亩之宅，山池居半。蔬食弊食，不治产业……邻人有被诬为盗者，被治劾，妄款，诜矜之，乃以书质钱二万，令门生诈力其亲，代之酬备。邻人获免。"

由此，可见南朝时的借贷机构，一为佛寺质库，再即立契据以田宅等不动产为抵押放债的邸舍。从前述甄彬、褚渊两事例得知，当时寺库质钱，举凡金、麻、衣饰乃至活畜（黄牛），皆可用为抵押品。同时，从庾诜性情与晚年特别遵奉佛事的思想轨迹分析，极可能是就近向寺库质钱以应急用的。

与此同时，北朝佛寺亦行质贷。例如北魏孝文帝元宏的太和年间（477—499年），“（姚）坤旧有庄，质于嵩岭菩提寺，坤持其价而赎之，其知庄僧惠沼行凶，率常于阒处凿井……”甚至引出一段鬼狐传说。故事起因，即在于姚坤

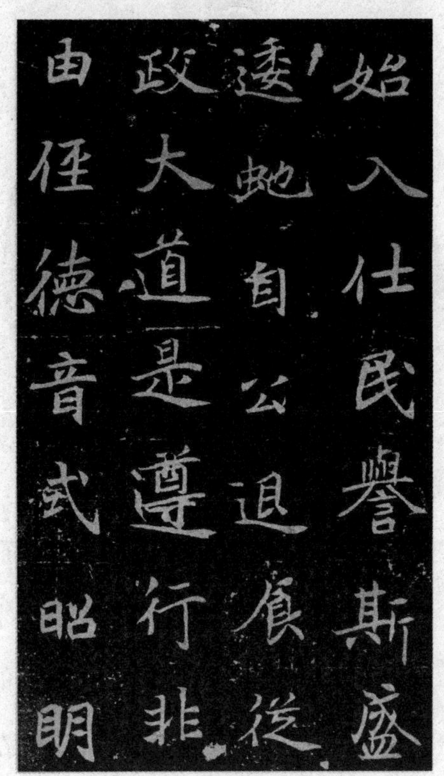

至佛寺质庄。

可见，寺院质贷自南朝时兴始，以后逐渐成为世俗社会的一种行业，但直至南宋时寺院质贷仍在进行，时间不短。

（二）唐代典当业的兴起

南北朝与唐五代之间的隋朝，一度

结束了南北分立的局面，统一了全国。由于国内环境获得了相对的安定，为经济、交通的发展提供了新的契机。此间，商业亦同步出现兴旺趋势。《隋书·炀帝纪(上)》载，大业元年三月(605)“徙天下富商大贾数万家于东京(洛阳)”，一时盛况空前。隋炀帝即位后，“西域诸藩，多至张掖与中国市易，帝令裴矩掌其事”，对外贸易也随之繁荣起来。然而，从公元581年杨坚灭北周称帝，至公元618年隋炀帝在江都被杀，隋朝仅历经两代皇帝，只存在了短短38年时间。

中国典当业兴于南北朝佛寺之后，至唐代逐渐发展为一种寺库与世俗并举的行业，迄今尚未发现有关隋朝典当的直接文献史料。隋朝虽仅38年，但在中国典当史上却留下了一段历史空白。跨越这段空白，唐五代则成为中国典当史上的一个空前发展与繁荣的时期。清人吕种玉《言鲭》书中说,设质库质钱取利。“唐以前唯僧寺为之，谓之长生库”，亦

认为佛寺而外的典当质贷业自唐代始兴。民初的《唐代寺院经济》一书说："质库，是创始于寺院的一种高利贷事业，在唐代已是一般富贵人家投资的普通事业了。向寺院施舍本钱以创立质库的事情，也很常见的。家具衣服的质以外，奴婢、牲畜、庄田的质，在当时很是流行。"也就是说，自唐以来即出现了寺库质贷与社会典当业等高利贷行业并存和竞相逐利的局面。

唐代在中央集权相对稳定的政治条

件下，经济、文化得以空前繁荣，成为中国历史上比较昌盛的时期。由于经济的发展、商业的兴旺，大大刺激了高利贷的空前发达。官僚贵族、豪商富贾纷纷投入高利贷活动，坐收质息，竞相逐利。史家认为：当时商业多至二百余行，每行总有较大的商店。据现有材料看，最大的商业是放高利贷的柜坊。柜坊又

有僦柜、寄附铺、质库、质舍等名，类似后世的当铺。所谓“柜坊”，本是当时都市中代客户保管银钱财物的商铺，酌收酬金，其保管钱物的藏器，名之“僦柜”。这种具保管价值、计收保管费的僦柜，随其收存钱财的增多，逐渐具有了利用所存银钱为周转资本借贷赢利的条件，于是就像寺库那样开展了典押质钱业务，并使之进而由兼营质贷发展为以质贷为主业。典押质贷由于客户面广而赢利较多，并吸引了一些官僚富商变交其保管钱财为投资取利，所以也就刺激了僦柜迅速转化为典当业。

唐五代不仅柜坊、寄附铺兼营质贷，更有专营此业的质库，尤以官僚贵族竞相经营质库牟利的史料为多见。《旧唐书·武承嗣传》载，以巨富著称一时的太平公主家，“马牧、羊牧、田园、质库，数年征敛不尽”。质贷业兴起于南北朝佛寺，至唐，寺库仍很兴旺。《续传灯录·天

舊唐書卷一百六十八
後晉司空同中書門下平章事劉昫撰
列傳第一百一十八
韋溫 從弟楫　獨孤郁 弟朗
錢徽 子可復　高釴 弟銖 鍇
馮宿 弟定 審　封敖
韋溫字弘育京兆人曾祖吏部侍郎父綬德宗朝翰林
學士以散騎常侍致仕綬弟貫之憲宗朝宰相自有傳
溫七歲時日念毛詩一卷年十一歲應兩經舉登第釋
褐太常寺奉禮郎以書判拔萃調補秘書省校書郎時

游禅师》说：“质库何曾解典牛，只缘价重实难酬。想君本领多无子，毕竟难禁这一头。”一座寺院，竟有如此富余的财力出入，除接受布施赏赐而外，质贷乃其主要原因。

上述说明，质贷典当之所以在唐代兴盛一时，是当时社会经济发展的需要，是佛教文化、寺院经济发展对社会、时

代影响的产物，也是社会对其功利的选择，并非偶然。这些为其以后作为一种区别于其他高利贷业的专门行业而独立存在，奠定了基础，探索了方向，作了准备。

（三）宋金元的典当业

1. 宋代典当业的独立

宋代是中国都市经济、都市文化空前繁荣的时代，这就为与之关系密切的典当业得以进一步发展，提供了良好的社会环境和新的历史契机。

北宋神宗赵顼熙宁十年(1077年)时，经王安石推荐入朝为官的吕惠卿之弟吕温卿，曾用田契从华亭县库户质钱五百千，然后转手贷给别人四百千，从中渔利。此事说明从事这类典当和借贷的必须有“库”房贮存物品，所以在宋代又有库户的称号。在宋代，典当业开始存在兼营与专营的状况，渐而转向以专业经营为主。兴于唐代的柜坊，这时还大量存在，有的仍附设质库。但是，典当业随着都市经济的发达，很快就在前期多业兼营的基础上形成了一种独立的专门行业。宋人孟元老《东京梦华录》卷五(民俗)记载:“其(汴梁)士农工商、诸行百户,衣装各有本色,不敢越外。

谓如香铺裹香人，即顶帽被背；质库掌事，即着皂衫角带，不顶帽之类。街市行人便认得是何色目。"也就是说，典当业这时不仅形成一种独立的专门行业，而且还形成了本行特定的服饰习俗，使人能从外表上识别出其为典当行的从业人员。

宋代典质业的行户，主要是商人，亦即当时的"质库""解库"大都由商人出资或经营。当时连偏远的化州小城也开有质库 10 座，这说明宋代典质业已经遍布都市城镇，经营活动十分活跃。但是，如同前代一样，也不乏官宦富豪投资出

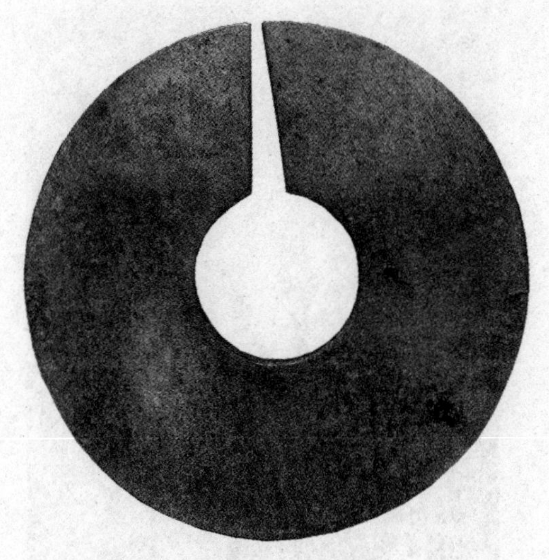

本或经营质库之例。《梦粱录》卷一三（铺席）："自融和坊北，至市南况谓之珠子市，如遇买卖，动以万数。又有府第富余之家质库，城内外不下数十处，收解以千万计。"可见南宋临安都城中以质库逐利的官商颇为不少，而且由于其资本雄厚而生意兴隆，"收解以千万计"，成交额是很可观的，赢利自然颇丰。

典质业至宋代虽已独成专门行业，但佛寺质库仍兴旺不衰，继续与民争利。宋人陆游《老学庵笔记》卷六即说"今寺辄作库质钱取利，谓之长生库，至为

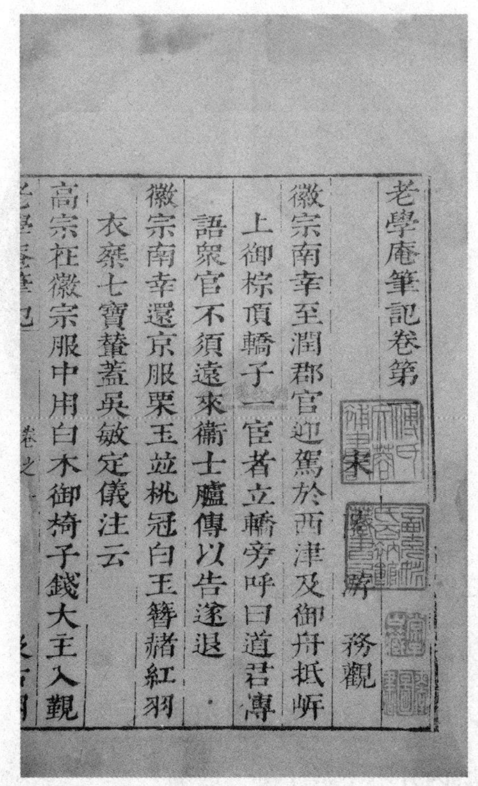
老學庵筆記卷第
游　務觀
徽宗南幸至潤郡官迎駕於西津及御舟抵岸
上御棕頂轎子一宦者立轎旁呼曰道君傳
語衆官不須遠來衞士臚傳以告遂退
徽宗南幸還京服栗玉竝桃冠白玉簪赭紅羽
衣乘七寶輦蓋吳敏定儀注云
高宗在徽宗服中用白木御椅子錢大主入覲

鄙恶……庸僧所为，古今一律”。也就是说，继南北朝寺库质钱之后，已逐渐使之成为寺院借以维系寺院经济的基本方式之一，不追求利息也就没有实际意义了。

宋代典质活动的主要特点，是“质库”“解库”业已成为社会经济的一种独立的专门行业，作为高利贷行业的一种主要形态，与佛教的“质库”“长生库”并存，其行业经营活动的规模、影响以及作用，均超过了寺院质贷，远在其上。这一事实表明，典质业已与当时平民经济生活存在着普遍、密切的联系，成为国家社会经济的有机构件。

2. 金代典当业的发展

金朝作为曾一度统治中国北部大约一百二十年的王朝，其中有百余年同南宋政权处于对峙局面。这个王朝对于辽、宋经济，一方面有破坏、继承的关系；另一方面在某些方面又有发展、变革和创新的关系。而其中一些经济制度的变革，显现出其经济统治的特点，而与辽、宋和后来的元朝有所不同。在唐宋两代典质业的基础上，金代典质业的经营管理及有关法规、政策的实施亦显示出其一代经济统治的特点。

建立金王朝的女真民族，本来是以狩猎、游牧为主要传统民族经济的。但

当其王朝统治延伸到原北宋北方领土之后，非但继承了前朝管理典质业的经验，还力求有所改进、发展。据《金史·百官志》载，金大定十三年 (1173 年)，金世宗完颜雍对宰臣们说 :“闻民间质典，利息重者至五七分，或以利为本，小民苦之。若官为设库务，十中取一为息，以助官

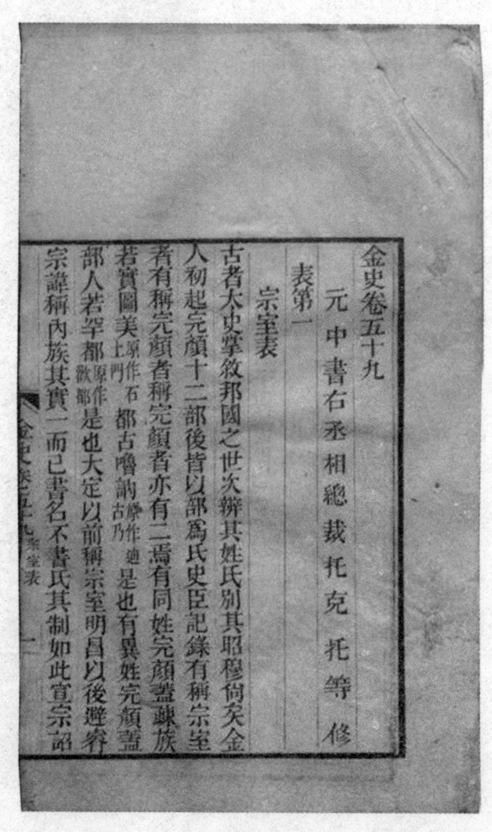
金史卷五十九

元中書右丞相總裁托克托等修

表第一

宗室表

古者太史掌敘邦國之世次辨其姓氏別其昭穆尚矣金人初起完顏十二部後皆以部爲氏史臣記錄有稱宗室者有稱完顏者稱完顏者亦有二焉有同姓完顏蓋疎族若賓圖美原作石土門都古嚕訥原作迪古乃是也有異姓完顏蓋部人若孚都原作歡都是也大定以前稱宗室明昌以後避睿宗諱稱內族其實一而已書名不書氏其制如此宣宗詔

金史卷五十九 宗室表 一

吏廪给之费，似可便民。卿等其议以闻。”金世宗试图以改民办为官办方式从管理体制上控制典质业取利过重之弊，同时又可增加官府经费，似为一举两得之策。按照他的要求，“有司奏于中都(今北京)、南京、东平、真定等处，并置质典库，以流泉为名，各设使、副一员”。其中，“使一员，正八品。副使一员，正九品”，职“掌解典诸物、流通泉货”。当时，还制定了迄今见于历史文献最早的而又颇为具体、详细的典质业管理规则。无论典质业完全收归官办是否行得通，都是一种积极的改革性尝试。显然，在国家资本和统一经济未能占据主导地位的条件下，这一尝试是行不通的。但有一点也是可以肯定的，即在官、民所办典质业并行共存的情况下，官办典质业在控制、稳定典质利率方面，无疑会发挥积极的主导性作用。

3. 元代典当业的发展

元朝是由我国北方的蒙古族建立的

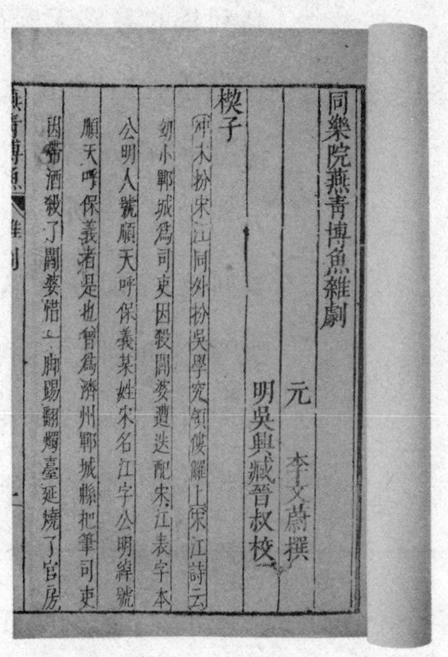
同樂院燕青博魚雜劇

元 李文蔚撰

明吳興臧晉叔校

楔子

（冲末扮宋江同外扮吳學究領僂儸上宋江詩云）幼小鄆城爲司吏因殺閻婆遭迭配宋江表字本公明人號順天呼保義某姓宋名江字公明綽號順天呼保義者是也曾爲濟州鄆城縣把筆司吏因帶酒殺了閻婆惜一脚踢翻蠟臺延燒了官房

統一王朝，建都于北方重镇大都（北京）。或由于北方文化居于主导地位的关系，关于典质业的称谓，亦取用宋代北方习惯叫法，称之“解库”，并由此派生出“解典库”之称。这在元杂剧等文献中常可见到。《元曲选》辑杨景贤《刘行首》剧第三折“小生姓林名盛，字茂之，在这汴梁城内开着座解典库”。

元朝的帝王、贵族、官府，大都热衷于放高利贷取利，这对当时典质业等高利贷的兴盛无疑是个极为有利的条件。《新元史·食货志》载：“斡脱官钱者，诸王、妃子以钱借人，如期并其子母征之。元初谓之羊羔儿息。”斡脱，是蒙古族对回鹘人的叫法。羊羔儿类似后世所谓“驴打滚儿利”，即利再生利。王室、贵族向回鹘人放钱取利，刺激了回鹘人以此为本钱放高利贷赢利的积极性，一时回鹘人的高利贷渗透于社会各阶层。

元朝寺院的质贷活动仍很活跃。据《元史·顺帝纪》载，光是大护国仁于寿所贷出的钱，即多达26万锭之巨。可见，

元代典质业仍持续着唐宋以来僧俗并举的局面。而且，皇帝在赐赏王公贵族以邸舍、解库的同时，赐给寺院的不止有解库、邸舍，甚至还有酒馆。由此可见，元代皇室本身即握有解库。在朝廷的支持、保护下，寺院质贷岂能不乘机发展，与世俗争利。何况，质贷已是南北朝以来佛寺的一项传统蓄财方式和经济收入来源。

（四）明朝典当业

建都南京后又迁都北京的明王朝，

历经十六位皇帝，统治中国达277年之久，是中国历史上最后一个由汉族统治集团掌握政权的封建王朝。

明太祖朱元璋有鉴于前朝灭亡的教训，采取了一系列恢复和促进社会经济发展、繁荣的措施，取得了一定效果。在正统之前，即在明初五帝（洪武、建文、

永乐、洪熙、宣德）统治的近七十年中，明王朝的国力基本处在上升的阶段，中央集权封建国家的统治是巩固的。因朱元璋从开国之初即注重廉政、吏治之故，文献中很少有明朝皇室贵族和官宦竞开质库与民争利的记载。明季中国典当业伴随商品经济的繁荣继续发展，但基本上都是商人资本、民间经营，并进一步出现了福建、山西、安徽等地典商为突出代表的地域性典当业行帮。其中，尤以擅长经商闻名中外的安徽典帮影响最大，经营活动分布面最广。明人周晖《金陵琐事剩录》卷三说："（金陵）当铺总有五百家，福建铺本少，取利三分四分。徽州铺本大，取利仅一分二分三分，均之有益于贫民。人情最不喜福建，亦无可奈何也。”是知当时徽帮典商资本雄厚，并擅于经营，相形之下闽帮则有所不及。明代官方对典当业的管理比较严格，凡私放钱债，及典当财物，每月取利并不得过三分。年月虽多，不过一本一利。违者笞四十，以余利计赃，重者坐赃论罪，杖一百。显然，闽帮取利已在规定利率之上。而徽帮则未超出规定标准，强调坚持“一本一利”，即明令取缔了如元代“羊羔儿利”那么利上加利的驴打滚儿

计利方法，减少典商剥削取利的幅度，既可缓解同平民之间的矛盾，亦有利于典当业自身的生存与发展，一举两得。在明代，除仍见有沿用“质库”叫法以外，又有“典当”“当”“当铺”“解铺”“解库”“解当铺”等多种名称，互相通用。

从唐末以来至明季，中国典当业发展到了一个非官商化、非寺院化的民间商业化阶段。其主要表现是极少见有官当、寺库经营的文献记载，甚至可以说基本没有。这同唐宋以来以及之后的情况，形成了一个鲜明的断代性对比。在宋代文献反映的服饰行业化特征基础上，明朝典当业体现了皖、晋、闽等地缘性行帮与地域性商业文化传统。

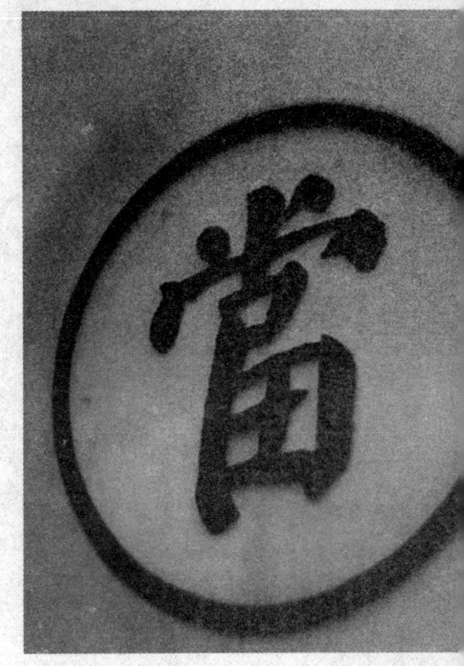

二、清代典当业与官当

在中国典当史上，明朝是唯一以典商资本和独力经营为主的时代。到了清朝，典当业重又回归到唐宋时那种皇、官、民当多头并举的局面，较之当初形势有过之而无不及。与唐宋有别而与明朝共同之处，则是寺库质贷业已为寺外世俗社会的典当业所湮没。

（一）清代典当业概况

清代典当业是中国典当业的繁盛之时。无论资本额、铺数，还是规模、类型，清朝以来典当业的发展势头都是空前的，为以往历代所难以比拟。

据统计，乾隆十八年（1753 年），全国共有当铺 18075 座，收典税 90375 两；

東華錄卷之一

湘源蔣良騏千之父

我朝先世發祥于長白山〻高二百餘里綿亘千里山上有潭曰 門周八十里鴨綠混同愛滹三江水出焉望氣者言其地將生聖人統一諸國山東有布庫里山〻下有池曰布尔湖里人相傳有天女三長恩固倫次正固倫季佛固倫浴于池浴畢有神鳥啣朱果置季女衣季女吞之遂有身孕尋産一男生而能言体貌奇異及長母告之故因命之曰天生汝以

東華錄 卷一 一

嘉庆十七年 (1812 年)，全国共有当铺23139座,收典税115695两。仅京城一地，当铺座数已颇可观。据《东华录》所载，乾隆九年 (1744 年) 十月大学士鄂尔泰等奏执 :“查京城内外，官民大小当铺，共六七百座。”至晚清，光绪庚子 (1900 年) 以前，北京尚有当铺二百一十余座。据1940 年前的统计，当时北京的 87 座当铺中，还有义盛当等 14 座是光绪年间创办的，时有资本计 443500 元。

清代的典当铺遍布全国，从北京到各省省会、大都小邑以至镇墟，都有规模大小不同、营业对象各有差异的当铺存在，其数量可谓惊人。康熙二十年(1681 年)，江苏省常熟县具有确实牌号和东主姓名的当铺即有 37 家，乾隆九年(1744 年)，查京城内外，官民大小当铺，共六七百座之多。“楚北汉口一镇，共当铺 39 座，此外仙桃、镇坪、武穴、沙市及各州县市镇共当铺 385 座。一直到晚清，当铺的户数仍在继续增加，光绪年间，

山西省经布政司钤印领帖，交纳当税的铺子即有 1869 座。广东省广州府有 1243 座，其中南海、番禺两县即占了 556 座。其他各省府州县也大体如此。当时的典当业已成为社会上最重要的商业行业之一。

清代的典当业出现了三种类型：

皇当，是指由皇帝或皇室拥有和出资开设，指定专门机构和人员进行营运，制定有一定的规章制度，收取其溢利以充实皇帝或皇室的财富，以经营典当业为主要业务的商号。

官当，又可分为两种，第一种是指由各级军政衙门拥有和出资开设，拨给

特定部门作为资金，委派专人负责营运，亦具有一定的规章制度，取其溢利作为本官府的收入，供应某些特殊开支以及本衙门官吏胥役人等的某些需要，以经营典当业为主要业务的商号。第二种是指由各级贵族官僚人等拥有和出资开设，委派家人店伙负责营运，亦制定有一定的规章制度，收取其溢利以增殖本人财富，扩大私囊，以经营典当业为主的商号。

民当，是指由一般民间地主商人出资开设，有些人已成为专业的典当商或从业人员，在长期的营运中，形成了各种行规当约和帮会以及同业组织，以获取利润为目的进行营业，以经营典当业为主要业务的商号。

当然，这三大类的典当商号，其社会背景、实际地位高低、资金厚薄、利润多寡、业务规模广狭等方面都是有所不同的，但在它们的经营手段以及某些内部规章等方面，又有不少共同或相近

的地方。其实，所谓皇、官、民当，也并不是固定不变的，它们之间也经常有互相流动和渗透。由于政局及财政等原因，当铺的所有权也时有变更。原来的官当或民当，可以因为“供奉入献”或被抄没而，收为皇当，皇当也可以通过“恩赏”“赐给”而变为官当，民当可以经过被吞并而变为官当，官当亦可以经过“价卖”而成为民当。官僚贵族吏役等有人入股于民当，民当东主中有欲倚恃官势

送股于官绅人等，于是，这些民当中实际上具有部分官当的成分。官当中有民股、民当中有官资，在当时不是个别现象。

（二）清代“官当”的概况

乾隆朝的《内务府奏销档》详细载有各旗开设当铺的座数、各当的名称、投资本银数量以及营业状况、盈利或亏损、开张闭歇的起止年月。大体说来，

每旗一般都同时保有三五座当铺，每座当铺的资本多为一万到二万余两，少数也有拥有四万两本钱。正黄旗即开有官当四座，其中广盛当拥有资金本利为24803两；广信当拥有资金本利为15804两；广润当拥有资金本利为18508两；广得当拥有资金本利为273206两。其他各旗大体相同。各省总督和巡抚、将军、都统等大员所上的奏折也间断地透露出，省级军政领导机关也较普遍地开设和经营当铺。有些封疆大吏，有时甚至将自己管理当铺经营有术作为自己的“治绩”之一奏报给皇帝，并受到嘉勉。可以有根据地说，当时军政各级衙门中，参与典当业活动，开设官当铺的部门占有很高的比例。在全国范围内，实际上存在着一个由官府经营的当铺网。这是

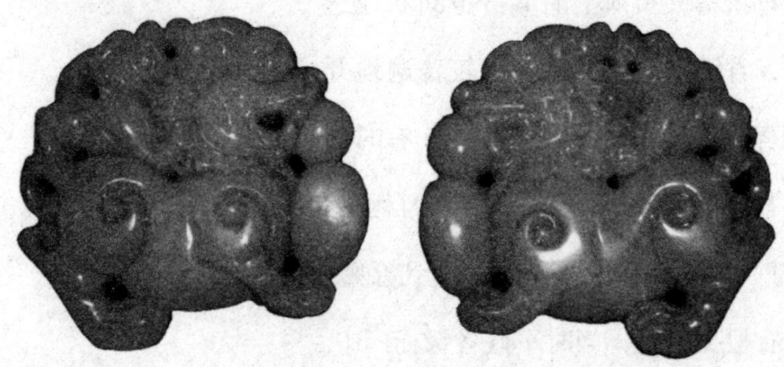

一个植根于当时的封建政治体制，与封建官僚政治密切结合的辅助性的财政网络之一。

实际上，“皇当”是以“官当”面目出现的全国最大的“私当”。“官当”虽系“公当”，收益除补偿“生息银两”本钱，和补充官府部分公费支出外，也是大小官吏借便谋取私财的又一渠道，是公私兼济的买卖。皇帝、官府率范开当，将此视为生财、蓄财之道，加之皇帝还不时把当铺作为不动产赏赐给王公贵族和臣属，事实上也是对官吏们自行投资开当蓄财的鼓励。一时间，大小官吏竞相效尤，其本身的职位、权势，无疑更方便保护、扶植这些属于私产的“官当”，获得比一般商开办的“民当”优厚许多的利益，使权位通过开当转化为钱财。

（三）清代“官当”兴盛的原因

清朝，官吏们普遍热衷于开当铺，原因是多方面的。首要的原因，当然是对金钱的强烈追求。如同历史上一切剥削阶级一样爱财，总想尽可能多地取得财富。这个阶级的当权者，即各级官吏

更是如此。千里做官只为财，对他们之中绝大多数人都是适用的。魏晋时一位叫成公绥的人写了一篇有名的《钱神论》，对当时许多人的主要生活目的就是求财，作了形象的描写：“路上纷纷，行人悠悠，载驰载驱，唯钱是求。”东晋人鲁褒也写了一篇同名的文章，说金钱能“无翼而飞，无足而走弦，以为世神宝”“谓之神

物”，甚至说“天有所短，钱有所长”“天不如钱”。嬉笑怒骂，对人间的世态和崇尚金钱的心理状态作了惟妙惟肖的描述，对当时中上层社会许多官僚人士的品格和作风给予了深刻的揭露。早在魏晋时期即已如此，到明清时期，城市经济获得较大发展，商品贸易增长迅速，除了传统的享受外，舶来洋货又进入了上层社会的生活领域，消费开支的门路大增，对钱财的要求便更加迫切。对于各级官吏来说，许多事物都在刺激着他们的贪欲，都在驱使他们加速加大对财货的追求。于是，这个时期的金钱便具有更为重要的使用价值，在更大程度上成为颠倒众生、参悟造化、妙用通神的超级法宝。不少官吏都在土地收租和放债取利以外，寻求另外的生财门径，希望发更多更大的财富。当然，从全面利害衡量，他们又切望这样的门径最好能不影响官声，不露痕迹，不必自己出面，不用过分操心而又能稳定取利，这样，兼开当铺

便成为他们最可取的选择之一。

皇帝、官府以及官吏人等，其所以优先投资于当铺，主要是因为开当被普遍认为是一种最能稳定取利并能取得大实惠的行业之一。各级官吏开的当铺对来典押物品者的苛酷绝不低于民营当商，其剥削量也绝不低于民营当铺。而且，它们有官为后台，既有势力可以仗恃，又有较雄厚的资金足够周转，敢于放手兼营其他有大利可图的营业，进行投机倒把，如非遭遇特殊的政治牵累或经济风暴的袭击，便可说是封住了亏蚀之门，是必能财源广进的。

特别值得注意的是，清代的文武官吏以至书吏、衙役、长随等人开设当铺，差不多都不满足于一般的典当业经营。实际上，绝大多数都是一当二用、三用甚至多用。当铺既可作为纳贿或行贿的过付场所，又可作为官吏们的财政金库，提供现金，从事各方面的经营活动。可以通过当铺兼并房地，放债取息，还可以通过定期盘卖断当物品，"洗清"贪赃得来之物，又可以顺便甄汰各种不合

用不合意的古董字画珍宝等藏品，更可以通过当铺搜寻各种特殊的奇珍异物及行贿上贡物品。总之官僚们有当铺在手，对于他们的财务和政治上多方面的活动，都是大为有利、大为方便的。

三、清代“官当”的发展阶段

（一）康熙时期"官当"的初创和运用

康熙初年到雍正六年为创办阶段。在此阶段中,康熙曾大力运用"生息银两"作为财政力量以推行召商（召官）承运铜斤和食盐专卖的政策，还曾运用它以保证铸币工业的正常生产，均取得了一定的成果，对奠定上述经济政策起过积极的

作用。康熙在此期间也确曾动用一定的“生息银两”作为对某些亲信宠任官员，特别是“包衣”近臣的财政照顾。在这长达半个世纪的时期内，每笔“生息银两”的款额大小、利息高低、借期长短，准借或不准借，都是由皇帝本人因时、因事、因人而异，内务府或有关官员随本奏请，皇帝就来核批交付执行，当时尚未形成一套比较完备的定制。

清代"官当"制度最早出现于何时暂难准确考证，据光绪《大清会典》中《内务府·恩赏银两》条的记载，此一名词是在雍正七年才正式见于典籍。但是这一制度的酝酿草创和试行，是早在半个多世纪以前就存在的了。早在康熙十年(1671）五月，盛京管理内务府事务掌关防佐领辛达里就呈报北京总管内务府，"以买卖之事不断，曾请置设商人。既然

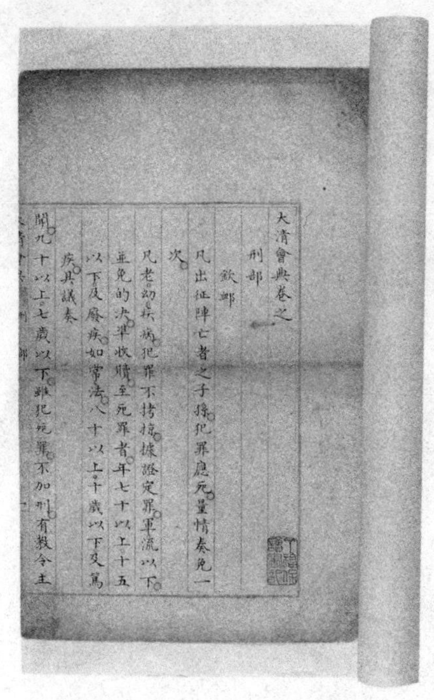
大清會典卷之
刑部
欽郵
凡出征陣亡者之子孫犯罪應死量情奏免一
次
凡老幼疾病犯罪不拷掠據證定罪軍流以下
並免的決準收贖至死罪者年七十以上十五
以下及廢疾如常法八十以上十歲以下及篤
疾具議奏
聞九十以上七歲以下雖犯死罪不加刑有教令主

盛京每年均有出卖三旗制作所余棉、盐等物并购买所需诸项什物及议价等事务，故应设置商人，况且若将当地现成库银经商，则可获利，而买卖等事亦可不至有误”。当即经北京总管内务府审批，同意委派三旗之下某些闲散人员，主要是一些庄头子弟兼充商人，由盛京内务府贷给一定数额的“内祭银两”作为本钱，

商人则应按照规定定期向盛京内务府交纳一定的利息，“一百两银一年四季将取息银五十两，闰月不取息银”。这说明，两个内务府将“帑银”作为资金以进行营运，早在康熙初年便已经公然形于案牍，视为内府工作的一部分了。以皇室资本来发展和支持一部分商人经营特定的贸易，这些商人自负盈亏，但必须同时承担定期定额缴交利息的义务。这对于

活跃当时东北地区的官私经济，可能是必要的，但皇帝本人（通过内务府）也分享了相当高的利益。

（二）雍正时期“官当”的整顿和政策演变

对“官当”制度的重大改革和整顿是在雍正七年五月开始的。从雍正七年五月到皇帝本人在雍正十三年(1735年）八月去世以前的六年多时间中，他对办理“生息银两”制度的方针办法作了很大幅度的调整，一方面，纠正了康熙主政时期在这方面存在的一些偏颇；另一方面，大大增加了运用"生息银两"制度作为稳定封建国家统治机器下层人员、特别是一般兵丁生活的手段，雍正通过这一制度建立了一整套遍及军、政、旗系统的福利制度，并将之扩展为全国性的规模，陆续制订了若干规章办法，使这套制度趋向完备严密。

雍正即位之初，面临的政治形势是相当严峻的。康熙晚年对朝廷和官场上各种弊端基本上采取纵容姑息的态度，

以致人心涣散，吏治废弛、财政紊乱，清王朝的内外危机均趋于激化。雍正当此关系转扳之时继承嗣君之位，或仍循旧轨而任形势进一步恶化，或断然改弦易辙以整饬刷新之，实为无法回避的抉择。历史事实表明，雍正是坚决摒弃了前者而选择了后者。

康熙辞世，遗留下来的国库存银只

有白银800万两，此数只有他在全盛时期库存三千余万两的四分之一。值得注意的是，雍正一上台，就在这仅有的800万两中拨出90万两充作八旗及内府三旗“官当”的基金。雍正为什么会这么做呢?这绝对不是偶然之举。

八旗在清朝封建国家体制中具有着特殊的地位和势力，被称为“我朝之根本”。直到雍正上台，管理旗务的亲、郡王等仍视本管的旗是自己的势力范围，内务府上三旗是宫廷近侍警卫。雍正为巩固自己的帝位，为扩大自己的统治基础，势必大力加强对八旗及内务府的控制，大力加强对旗下一般官佐以及兵丁人等的直接掌握。他的心腹蔡珽即曾密献优待八旗之策，借以稳定军心、培植根本。在当时，一个一般官兵以及近侍人员，遇有婚丧之事，可以得到从数两到二十两的赏赐，这在办理红白事务中也是不小的补助。而按照清朝的军制，绿营的步兵每月所得钱粮不过一两五钱到二两，因此，上述“恩赏”数额不能认为是无济于事的。雍正抓紧颁布并执行这道谕旨，显然是着眼于政治上的考虑，是以之作为稳定和拉拢八旗和内府人员的特殊手段之一。

当然，更值得注意的，不仅在于雍正一上台即拨发 90 万两巨款作为“官当”的基金，还在于从这道谕旨的内容里，明显可以看到清王朝在掌握和运用“官

当”制度方面，正进入一个新的阶段，出现了新的指导思想和新的规定。这主要表现在三个方面：第一，雍正明确规定，这90万两乃是一种基金，只能支用它的利息以供八旗及内府三旗官兵某些福利费用开支，不准动用本银，不准作一次性消耗；第二，大力加强管理，息银的支用严格限于一定范围的人员（其中又分等级），而在这一部分人员中又限于只解决喜丧事件；第三，建立必要的奏报和检查审计办法，规定每年必须由指定的银库负责核销，各旗只能实报实销，并分别将帐目奏报给皇帝。凡此三端，都是在康熙时期未有过的明确规定，也是雍正在其后整顿和运用“生息银两”制度时采用的基本政策。

随后雍正对“官当”制度进行了改革。第一方面，他进一步拨付一定的基金，作为对以内府官员为主要财政照顾对象。“著将内库银两，给予乾清门侍卫一万两，三旗侍卫每旗各二万两，内管领等员二万两，司院官员二万两，令伊等或置房招租，或贸易取利，任其滋息分用，亦得优裕。”雍正在这方面的指导思想较之元年颁发的有关谕旨又有了重要的发展，即对于拨赐的基金，有关部门掌有进行营运的责任和权力，“或置房招租，或贸易取利，任其滋息分用”，这是事关重要的。因为雍正已经明确规定，所有拨充作为“生息银两”的款项，都是一种应该用以进行增值的活资本，而

增值的办法和营运的项目，则可以由有关部门自己决定。第二方面，是对驻防全国的各旗、提、镇等军事单位，以及由各省总督直辖的督标、巡抚直辖的抚标等，均分别拨给一定数目的"生息银两"基金，由各部门的主官负责管理并组织营运，将所赚得的利息银两充作以兵丁为主要财政照顾的对象。

（三）乾隆时期"官当"的衰败和"收撤"

乾隆主政初期，基本上是遵循旧制，

仅作过一些次要的调整，往往流于放任。问题愈积累愈多，乾隆逐渐发现，在执行这套制度的各个环节中，均相继暴露出许多严重的弊端，在有些系统、有些地区和有些方面，已经发展为痼疾，实际上无法再营运下去，变成许多难以查核的烂帐和难以收拾的烂摊子。于是，在乾隆十九年（1754 年），不得不作出全面“收撤”，全部结束清算的决定，并以谕旨的形式宣布。

雍正在位十三年，于 1735 年去世，继位的是他的第四子弘历，是为乾隆皇帝。乾隆和康熙、雍正，都是勤政而有作为，在治国施政等方面均有自己定见的皇帝。在他们各自的主政期间，在所执行的政策中都明显体现着所处不同历史背景而形成的不同对策，体现着个人的政见和风格特点。其实，甚至在康熙和乾隆本人当政的初、中、后期，也同样存在着某些分歧，处在自身的演变过

程之中。

"官当"制度到乾隆时期，本身在其继续存在的过程中，相继暴露出日益严重的废弛和腐败，许多原来被掩盖、被粉饰着的情况都逐渐被抖露出来，这一套制度的阴暗面愈来愈成为廷议的内容。在乾隆面前摆着这样一个棘手的问题，那就是，由"生息银两"制度带来了一连串有损于官方利益和威信的问题，暴露出它实际上并未较好地完成朝廷赋予的在财政收入和辅助行政管理方面的任务。乾隆在他刚开始主政的十多年间，曾试图采取一些办法以给"官当"制度注入新的活力，力图堵住这套制度中已经出现的一些漏洞，遏制住某些弊端的恶性发展，但事与愿违，他所采用过的办法，无不以失败告终。

有鉴于"生息银两"制度各个环节间已经百弊丛生，虽然着手进行整顿但全无实效，乾隆就开始对这套制度实行逐步收缩的政策。他先是谕令各旗省分批归还历年钦拨给的"生息银两"，后下谕停歇了相当一部分以生息基金为本钱的商业，由国家正项课税款项中支付内府和上三旗人员的福利用费，这样一来，建立“生息银两”制度的目的已被撤消，其经费来源已被切断，其主要支付用款已有国币代付，在中央府、旗一级，这套制度实际上已经名存实亡，而对各省、旗、营的收撤工作也提上日程。随后，全国各地区各旗营历年在执行“生息银两”制度的具体做法和盈亏状况千差万别，故此，乾隆并不强求各省、旗、营在“收撤”问题上必须与内务府和上三旗采取同一进度，可以视条件的成熟先后进行。

四、清代“官当”的经营模式

（一）康熙朝的经营模式

1. 借贷给某些商人或兼充商人的官吏们的资金，以支持他们完成运交铜斤的任务。

清代在国内将云南省所生产的铜斤按期按额运送到北京或指定的地点，从国外（主要是日本）运回输入的定额铜斤并如期运送到北京或指定的地点，用以铸制铜币，以供应朝廷开支和社会贸易交换的需要，乃是清代前期国家财政工作中最重要的项目之一。因为铜币在当时还是被使用最频繁、最普遍，流通量最大的货币，必须保持市量的充裕和币值的稳定，才有利于保证社会财政金融以及在政治上的安定。

为了确保铜源的供应，清王朝曾经采取过许多措施，诸如规定最低的产量

和输入量，规定运商交纳铜斤的期限和运输路线，甚至曾酌加价钱，以鼓励多产多运。而且，采取了交商承运的办法以专责成。在康熙时期，承运铜斤的业务曾经是获利最为丰厚的生财事业之一，许多商人都极力钻营奔走以取得一定的运额。为便于统率管理，也为了减少利润外流，内务府的官吏往往兼充商人，并且多能获得承运的差使。当然，在他们之间也经常发生互相争夺倾轧的事件。康熙往往对已获批准承运铜斤的商人拨借给一笔“生息银两”，一方面是在

资金方面给予必要的支持，另一方面也借以收取高额息金。

在康熙四十年（1701年），曾亲自批准借给具有皇商身份的内务府员外郎张鼎臣、张鼎戴主事、张常住等兄弟三人以及江宁织造、郎中曹寅、皇商王纲明等人合共十万两的“生息银两”，委派他们分别负责采买和承运铜斤，每年合应交纳358万斤优质铜锭，期限为八年。在八年之内，承运人除必须每年交足铜斤不许延误以外，还必须给内务府缴交一笔数目巨大的“节省银”和“利息银”。在这次批办承运的过程中，还出现过一个插曲，即上述的内府官吏和皇商们为了攫取这项可以大发其财的差使，还发生了类似投标竞争的情况。最早，张鼎臣、王纲明等四人请内务府转奏，甘愿承诺在八年之内，除交还“生息银两”本金10万两外，再多交40万两。曹寅立即奏陈，愿意缴交更多的款项，以取得单独承办采买和运交铜斤的权利。

2. 贷放给特准经营盐业的专运专卖

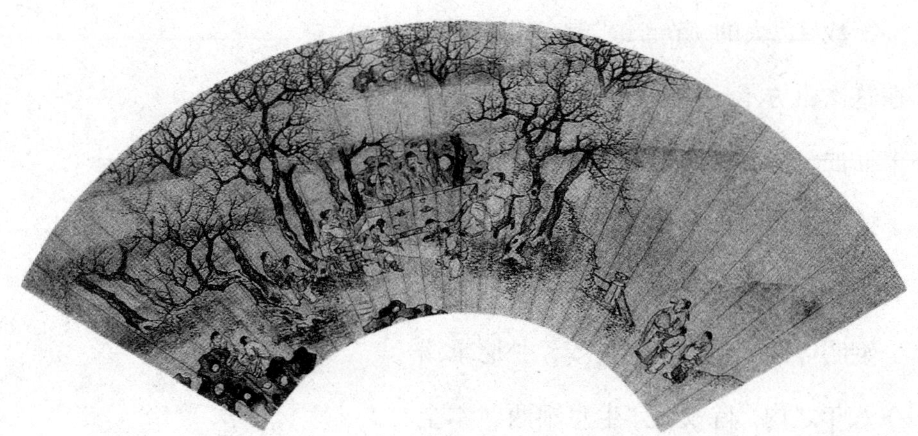

商，以支持他们的正常产销，或用以加强对他们的控制。

康熙批准拨借给盐商款项的次数是比较多的，最突出的是在四十二年 (1703 年)，他在南巡途中批借给两淮众盐商周转资金 100 万两；四十三年 (1704 年)，又批准借给长芦盐商张霖、查日昌等八人周转资金 70 万两。在当时来说，这是笔相当巨大的款项。盐商们取得了这样整笔的巨额贷款，当然在经营上大有裨益，而且从中也得到了相当的利益。

3. 借贷某些关系国计民生的重要官营工业的职工人等，作为对这一部分人的特殊照顾。

在这方面，最主要的是铸币行业。铸造钱币的工场是清代前期最具规模、匠役人数最多而且最集中的行业。由于康熙中叶以后，中国封建社会又呈现出一派上升的繁荣景象，人口增加，市场扩大，商业贸易交换频繁，所以对货币的供求量也直线增长。更何况，将铜锭铸造为钱币，对于清王朝来说乃是一件有大利可得的生财事业。为此，康熙时期，除设有由户部经营的宝泉局，又设有由工部经营的宝源局。宝泉和宝源局，实际上就是中央直辖的大型铸币工场。两

局辖下各厂共有工匠三千余人，这是当时在北京各手工业行业中人数最多、最集中，技术水平较高的工匠队伍。清朝在各省亦设有地方性的铸币工场、，在广东称为宝粤局，在广西称为宝桂局，在贵州称为宝黔局等等。总而言之，维持铸币工场稳定的生产秩序，保持正常的产量，对于清王朝来说，是至关重要的。因为，在康熙中叶以后，已经间歇发生过在京两局工匠“怠工”“停炉鼓铸”的事件，虽然哄闹的规模还是比较小，闹事的持续时间也比较短，当时一般都作为零星的斗殴刑伤事件，由步军统领衙门拘捕杖责处理。但康熙深知，很有必要对两局工匠等人给予某些优惠照顾，以期换取他们安于沉重艰苦的铸币劳动，以避免铸币业这样一棵朝廷的摇钱树焦枯衰竭。

康熙曾批给两局工匠人等较巨额的长期低息的“生息银两”，并允许在银钱比价方面给予工匠们一定的差价利益。康熙四十三年(1704年)，他曾批准给户部宝泉局的“炉头”(工头)等人借给“帑银”10万两,由“炉头”再转借给工匠人等，议定的偿还期长达10年，而每年的利息仅规定为二厘，而且还特准到10年期满时不必以白银偿还，连本带利只要偿还12万吊铜钱就可以。这样低的利率，在当时甚至比对内府上三旗人员的借银息率还低得多，因为“恩赏”借给上三

旗人员的款项，其年利率一般都在一分至一分五之间；这样借银还钱的办法是前所未见的；在如此长的借期中，不必逐年交纳利息，不必变息为本，以息滚利，仅需十年后一次偿还，在当时更是未有先例的事。

4. 借贷给某些官员，供官员兼营商业之用。

清代的文武官吏，在他们任职期间，一般不敢公开兼营工商业，但在康熙时期，内府人员却是例外，不但敢于公然请旨甚至奉旨营商，而且所经营的大都是具有专利特权而且利润特别优厚的行业。康熙不但不予禁止，反而给予各方面的支持。康熙三十九年(1700年)四月，苏州织造、内务府郎中李煦即专门上奏，请求批借给他10万两银子以经商，得到允许。

（二）雍正朝的经营模式

1. 以基金买田召佃收租

在中国封建地主阶级及其政权看来，占有土地以收取地租乃是自古以来最正统最稳当的经营方法。以“生息银两”基金购置而来的土地，可以具体称之为“生息官田”。自雍正七年五月责

成各级衙署和军政长官，因地制宜运用“生息银两”以资生息银的谕旨下达以后，即有一些官吏奏报，准备动用该款项(或其中的一部分)来购置耕地。广东碣石镇总兵苏明良即上奏，“请将此项银两全数置买田园，递年收租，除输纳正供钱粮外，其余租谷悉行变价，留充营中，遇兵丁有吉凶之事酌量赏给”。差不多同时，河南驻防城守尉白清额也“奏请置地收租”，先“动支八百两买地二顷，他离任后，其城守尉印务由河东总督田文镜兼管，田文镜也继续令开封府知府刘湘、署祥符县知县刘辉进一步“查买地亩”。十一年(1733 年）七月，江苏巡抚乔世臣也奏报该省先后购置土地的情况，“臣标左右二营，原奉恩赏营运生息银四千两，当经前抚臣尹继善置买官田一千一百二十五亩零，每年收租给兵济用，并酌定赏规饬遵。嗣因赏给之外存有余息，复将息银添买官田二百八亩零，计前后所买田亩，租息岁可得银

一千二三百两不等”。同年同月，浙江总督程元章也奏报，他辖下的狼山镇曾使用“赏银一万两置买田亩，收租米麦，随时贵贱变价，得七八厘或一分息银”。

将借来的“生息银两”基金或其中的一部分，用以置田收租，将租米出卖折银，以息银支付兵丁吉凶事件的用费，在一部分地区一部分军队中，是曾经行之有效的。雍正对于各省各衙署的地、

粮、银账目也抓得很紧，要求"将买过田园并每年应收租谷数目另为奏报"，还要"造册送部"。但应看到，置地召佃收租的利息率，相对说来是比较低的，而且，经管许多块小面积土地，与若干分租土地的佃户分别打交道，又要折算粮银，此种营运方法是比较不方便也并非最合算的，这也是它不能上升为主要营运方法的主要原因。

2. 以基金交商收息

为数更多的省份或衙署，是将从上面拨发而来的"生息银两"基金或其中的大部分，用以"交商收息"。其中，最早上奏的是四川提督黄廷桂，他在雍正七年七月即奏陈，拟将本管一万四千两基金中的一万三千两，分借给十三名典当商，每月收息一分，并拟订出详细的贷、还、出纳手续以及监督管理的办法，雍正朱批"办理

甚属妥协”。接着，广东提督王绍绪及其继任者张溥等也奏报前来，他们从雍正七年九月开始，即将基金一万八千两交商人收息，“据商人汪赞明等情愿借领营运生息，照贸易规例，纹银九七扣，库平九八兑，每两每月二分行息，按月缴收”。雍正八年十月，河南河北镇总兵范毓馪也将本镇领来的基金六千两，全部贷放给山西商人关思敬，令该商出具借领，以分半利银起息，计月不计闰，每年共交息银一千八十两，按定四季交投。

其他如江西巡抚谢星、安徽巡抚徐本、南赣总兵李涟、湖南巡抚钟保、襄阳总兵焦应林、广州将军张正典等文武大臣，都有过类似的奏章，其考虑的角度和做法与上引诸地区官僚们大同小异。这说明，交商生息的办法在营运中占有较大的比重。

交商生息的明显优点是当月生息，得利很快；而且本息稳靠。官府对于贷借公款的商人，事先都采取了各种防范的措施；或先对他们的家产和信用进行审慎调查，或饬令他们五家连环保证，共负连带责任。对此，河东总督田文镜的做法是将本金分散借出，督标领来的本金本来只有四千两，他却分发给祥符县十五家典当商人贷借，平均每家只有二百六十余两。数目有限，万一有一两家闭歇卷逃，也伤不了根本。不仅如此，他还责令这十五家当商在借款时均必须办理相当复杂手续，各“取有领状”，还要“连环互保”，并保证“长年按照二分起利”。

当时在各省普遍采用的另一种方法是通过本省本地区的盐运使、盐法道等

将“生息银两”本金贷放给本管的盐商，由各行盐商人按期按额交纳利息银给盐官，盐官再转解有关官库。这种将“生息银两”制度与食盐专卖制度密切结合起来的做法，可说是一项“创造”。事实上，不论当商或盐商，从商业经营的角度，绝大多数都不是真心诚意地乐于接受这种贷款的。有些商人是基于本身营业上的经济上的利益考虑，在权衡得失以后，在两害相权取其轻的状况中，才接受贷

款并承诺交利的。

还必须注意到，雍正时期对于各地的重要商人监管是相当严的，经常通过官府，对各地区重要商人的营业和财产状况、交纳课税是否及时和足额等进行调查。有关部门要对辖区商人定期分等级排队并及时奏报，从而决定对不同商人给予不同的信任程度，决定是否继续委办盐运及贷放等事宜。雍正主政时期，商人的亏欠比康熙时期少，更远远低于乾隆时期，乃是与当时监管工作的具体深入分不开的。

3. 以基金开设当铺及其他店铺以直接经营

清代雍正时期各省各衙署亦多有将“生息银两”基金或其一部分，用以开设以典当铺为主要的商业，由官府指定专人负责经营管理。这种由官府投资并经营的当铺或其他商号，一般被称为“官当”或“官店”。雍正对官方开当是比较感兴趣的，下诏积极推行之。雍正的意

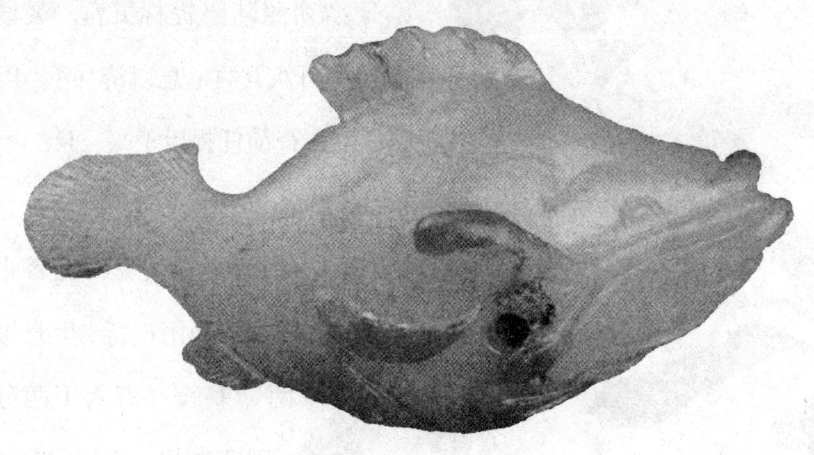

图很明显，以生息银作为当铺资本，用当铺赢利以解决某些公务和福利开支的需要。这是一种由上而下的引导和推动，上行下效。于是，钦发的“生息银两”基金一拨到各地，以此为资本的大小官当便如雨后春笋，纷纷破土而出。

湖广提督岳超龙奏：“窃臣标五营兵丁，荷蒙天恩，赏银一万二千两营运生息，臣钦遵酌议，在于常德府城招商开典，当经恭折奏闻，并报户、兵二部在案。”

署福州将军阿尔赛奏：“窃照陆路提标五营，蒙皇上赏给一万八千两生息以济兵丁，臣于署任后，查前任提臣于兴、泉二府各设当铺一座。”

广西的情况是，提督张正宗动用提标“生息银两”基金一万六千两分别在柳州、南宁、宾州

三处开设当铺，本省巡抚金拱则动用抚标“生息银两”基金六千两在桂林城开设当铺两座。

甚至当时远在边陲，人烟较为稀少的地区，例如陕西安西镇总兵所辖之地。该镇总兵袁继荫也奏请开当“臣窃见安西所设岩疆，土无出产，百物价值数倍内地……臣请于（生息银两）一万八千两内支三千两开设官店，照内地当铺例，每两每月三分起息”。

在当时各级领有“生息银两”专款

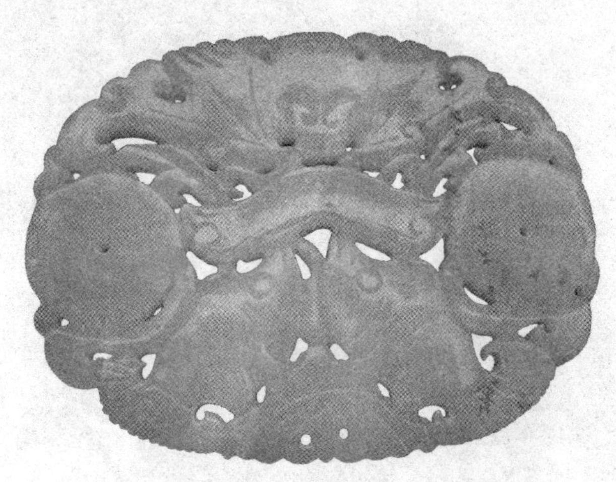

的官府中，运用此款经营当铺已经蔚然成风。据不完全统计,各旗各督、抚、提、镇的标营中，拥有数量不等当铺的，大约占官府总数的一半左右，这还是仅据已奏报上来的数字计算。已开设而未详报,或原奏折已不存在的,当在未知之数。雍正后半期大力推行“生息银两”制度于各军标，客观上实成为官营典当业大量发展的催化剂。

为什么当时从皇帝到各级官府对于由官方投资开当如此有兴趣呢？这具有

多方面的原因。简言之，一因与买地召佃收租的办法比，开当可以不受自然界风、水、旱、虫等灾害的影响，不受农业收成丰歉的影响，而且在管理上比较集中，不必面对着分散的以百数十户计算的佃户，不必一一催租，也不必收集粮食转为银钱应支。二因与交商收息的办法比，由官府委派官佐自营自管，比将数千两甚至数万两的巨款放在商人手

里更为放心些。三因资金掌握在官府自己手里，便于灵活调拨应支，可以随时动用本息，官当铺实际上都成为本部门的小金库。四因官府每多开一座当铺，即必能安插或照顾一些人。当时许多大吏都奏报要委派某些诸如中军参将、游击之类的中下层军官兼管官当，这些兼差当然都是有油水可沾的优差。许多老病兵丁以及官员的至爱亲朋，均可进入当铺以谋一枝之栖。这对于官府及有关官员都是方便和有利的。凡此，都是当时大量官当铺相继开张的原因。

（三）乾隆朝的经营模式

乾隆时期的官员，包括京官和地方官，均可以公开合法地办理手续，纳息借用“生息本银”，而且数额颇大，这在

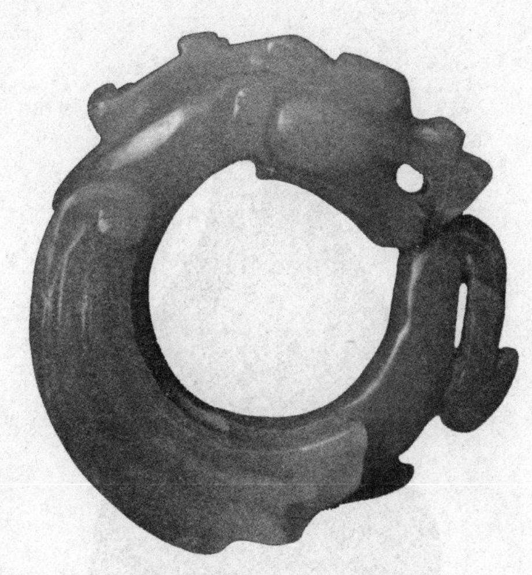

雍正时期是被禁止的，但是到了乾隆朝，这方面的情况也起了显著的变化。不论中央或地方省旗，将本银借给官吏个人，已经成为熟见习闻之事，不仅某衙门某官借去若干、息率几何、保结何人、按押何物、已偿未偿的登记等均详明载于账。而且，还公然将上述贷放收偿的情况形于奏版，请旨处理。

这样重要的事态发展，说明乾隆时期有些衙门对"生息本银"的运用，已部分从以经营谋利为主转移为以放债食利为主，而且放贷的对象主要是各级职

官，从有关衙门来说，可能是认为，一切职官均应由一定衙署督管，借款给他们不怕拖欠；另一方面，也显然是对这些官僚的优惠照顾。因为，以一分起息，在当时社会上当然是低息，官僚们一转手再放高利货，仅在利息方面即可坐得厚利。此外，官僚们用来置地买房，或用买缺，甚至用以填补赔累欠款、贿买上司，都是很合算很方便的。于是乎，相当大的一部分“生息银两”便被转化为仅限于在官场范围内流通的头寸，成为官僚们牟取私利和调剂各种关系的周转金。有些官僚从基金中借入成千上万两的银子，成为当时“生息银两”制度主要的受益者。甚至，有些人由于宦情变幻、经营失败，因而欠息不还，甚至蚀光了借本，虽然立限勒追、抄家清产，但仍无法追回，前经借出的“生息本银”便成为“无着”欠款。

五、清代“官当”的作用和弊端

清朝原设置一定数量的“官当”及对它们妥善运用，对维护和加强清王朝的统治、体现皇帝的恩威以及对皇族内部的经济调剂照顾，都有有利之处。但是由于“官当”的官方身份，也滋生了腐败，造成了资产的流失。

（一）“官当”对于维护清朝统治的作用

1. 设置皇当有利于控制金融、调节银钱的比价和流通，亦有利于在典当行业中体现朝廷的政令法令。

内务府经营的皇当几乎都设在北京及其附近。北京是当时全国经济政治的中心，亦是金融活动最活跃最集中的地区之一。乾隆初年，设在北京地区包括皇、官、民营的当铺即有数百座，是当时占有现金总数、日常流通量最大的行业之一。在近代资本主义性质的银行在中国出现之前，原来的旧式钱庄、银号、当铺实为当时社会上最主要的金融机构。清朝政府许多有关财政金融的政策法令，往往有赖于通过这些钱庄、银号、当铺加以贯彻，有时也有意识地加以运用。对当铺的运用，很重要的方面，就是通过其典押业务活动以调节白银和铜钱的适当流通量，维持适当的银钱比价。在当时，铜钱仍然是社会上使用最普遍、流通量最大的基本货币。入清以来，市面上的银、钱兑换价涨落不一。钱贱银贵时，一两白银可兑铜钱一千三百，甚至

一千五六百文；钱贵银贱时则仅能换得七八百文,甚至五六百文。由于市场扩大,贸易量增加，对铜钱的供求量急剧增长,更由于铜源不畅，铜钱又常被囤积销熔,从康熙末年开始，钱文不足，钱价过贵日渐成为经常发生的突出问题，到乾隆初年，已经演变得相当严重，有时甚至被称为“钱荒”，形成交收困难，引起社会动荡不安。由于典当业零星当押取赎较多，其每天收支铜钱的数量往往超过钱庄和银号，清朝政府往往有意识地利用当铺的业务活动作为出纳调节的渠道之一，借以左右市场，保持稳定。当局一方面尽力保证各当铺有基本充足的铜钱以应付门市，另一方面又想法限制各当铺积存过多的铜钱而影响到社会的需要，并力图加快其流通速度。重要的做法之一就是限制各当铺的存钱数，并规定典当物件所值在一定数目以上的只许支付银两，不许付给铜钱。

当然，除了金融方面的问题以外，当铺与社会各阶层之间的关系也是很密切的。清朝政府从维护根本的统治利益出发，对典当业的控制远比对一般行业为严密，各方面的规定也更具体详细，诸如，不许限当限赎，岁底腊月应减息降利并延长赎期，不许代罪犯寄顿或隐匿财物，不许销纳贼赃，有责任配合步军统领衙门及其他缉捕部门侦破窃盗抢劫案件，主动提供线索，等等。这一系列的措施，或为减缓社会的矛盾，或为维持治安秩序，当然都是很重要的，而事实上，对数量众多的当铺逐一稽考查核也并不容易，比较理想的办法是深入到典当行业中，从内部加以掌握和影响。

这是雍正和乾隆设置皇当，并对之相当重视的重要原因之一。皇当是否能起到这样的作用呢？大体上是可以的。这是由皇当本身的特殊地位所决定的。内务府所管辖的各座当铺，并没有公开宣扬自己的皇家产业的身份，招牌上写的无非是什么恩庆、恩吉、万成、庆盛等普通商号的名称。但是，这些当铺

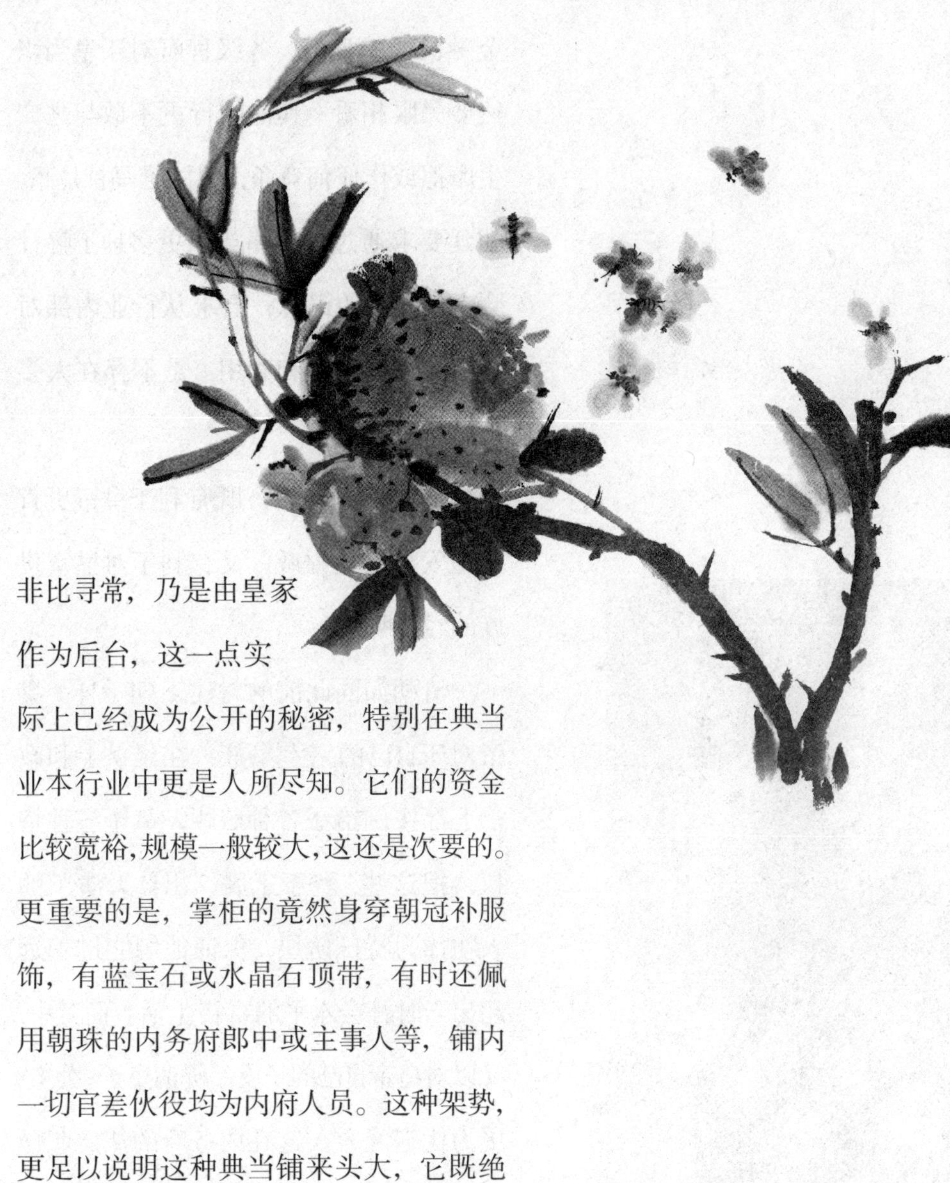

非比寻常，乃是由皇家作为后台，这一点实际上已经成为公开的秘密，特别在典当业本行业中更是人所尽知。它们的资金比较宽裕，规模一般较大，这还是次要的。更重要的是，掌柜的竟然身穿朝冠补服饰，有蓝宝石或水晶石顶带，有时还佩用朝珠的内务府郎中或主事人等，铺内一切官差伙役均为内府人员。这种架势，更足以说明这种典当铺来头大，它既绝不可能是民营的，也不可能是一般官营的商铺，只能是皇家的产业，具有官方金融机构的身份。各级官府对于皇当当然要另眼相看，其他同行更不敢与之产生摩擦或作任何竞争，只能唯马首是瞻。朝廷要求通过各座皇当以更多地了解社会上各方面的讯息，要求从行业内部对典当业加以掌握和利用，是不存在太多困难的。

2. 设置“官当”，既有利于皇帝更直接地安排宫廷财政，又有利于对皇室贵族的经济照顾。

清朝如同此前的封建王朝一样，皇帝对于自己的宗室皇族，在经济上和政治上都按例给予各种照顾，赋予各种特权，把这些“登于玉牒、出自天潢”的人物捧为特殊阶层，保证他们能过着远超出当时社会水平的富裕生活。而其中，又以对皇帝自己的子女（所谓皇子、公主）更为优遇隆重。这在内务府的法定职任中有明确的规定，皇子婚后，设总管大臣一人管理家务；公主下嫁亦如此。可见，

内务府的职责并不限于宫闱之内，并不限于在生活上、财务上伺候帝后妃嫔以及未成年的皇帝子女；除此之外，还包括对皇帝成年子女婚嫁和封爵分府之后，继续打理他们的家务，在生活服务和财务管理等各方面继续服侍他们。

清王朝原有具体规定，皇子皇孙等直系皇族，等长到成年，被封予亲王、郡王、贝勒、贝子等爵号时，都要按等级的高低，赐予一定数量的财产。这些财产包括仪卫、庄园、府第、一定数量的金银、奴仆人口（牲丁、投充人丁、包衣、太监等），以及品种齐全的数量繁多的各式各样的生活用品。公主下嫁时，也要赐给一定的庄园、府第、妆奁、衣饰、金珠彩币、婢女仆从以及品种齐全的数量繁多的各式各样的生活用品。自此之后，分府出来的皇子便具有正式的爵号，成为某王某贝勒。下嫁出去的公主和她的丈夫（额驸）也要开始比较独立的生活。王、贝勒或公主自此之后，便主要依靠自己被赐予的庄园和债利收益以及领取规定的俸禄钱粮，以本府作为一个结算单位过日子。当然，清朝如同此前任何封建王朝一样，皇帝对自己的子女总是给予很优厚的照顾，赐予皇子和公

主的屋宇田园、金银现款以及各式财物都是一般人民，甚至是普通官僚贵族所不敢奢望的。皇子和公主按其爵级每年还有固定年金。照理说，他们过着上层贵族的富裕生活，是有物质保证的，是应该无虞于匮乏的。但事实并非如此，清代有些亲王、郡王、贝勒、贝子、公主、额驸之流，有时还在叫穷。这一方面是由于这些天潢贵胄们无休止地追求奢侈和铺张，因而入不敷出；另一方面，清朝皇帝与此前朝代的一些皇帝相比，特别是与明王朝的一些皇帝相比，他们对于皇子皇女的赏赐是比较有限量有节制的，大体上还能按照宗人府和内务府钦准的规章办事，不论在庄园府第现金用物等方面，都有规格数量的规定。

当然，不论雍正或乾隆，对于外朝大臣或一些旁系的贵族懿亲，偶尔也有赏赐当铺的，例如隆科多、张廷玉、舒赫德等人都受赐过，这当然也是表示特

殊关怀的一种恩宠态度，是作为在政治上奖励拉拢的手段。但总的看来，皇帝更有兴趣的是抄没原属官僚贵族们所有的当铺，赐给是不常见的。何况，一旦恩衰宠弛，一些受赏而来的当铺又必然要被勒令连同全部利息缴回，这与恩赏给自己的儿孙，是有本质区别的。

3. 设置皇当有利于体现皇帝的恩威，有利于支付宫廷和内务府人员某些特别开支，也有利于对“内帑”资金的经营运用。内务府的文武官员和兵役人等是一支亲近御前而又相当庞大的特殊队伍。清朝皇帝对这些“包衣世仆”一直就经常给予各种经济上、物质上的照顾，经常在规定俸银之外再给予一些补贴。雍正时期，就曾多次下谕，命崇文门监督等每年交纳若干银两给内务府，由总管大臣酌量定拟分给府内的官役人等。但津贴有限，而内务府人员的欲壑无穷。他们在宫禁当差，直接为皇帝皇

族服务，以御前人员自居，习尚奢侈，实际上是一个永远填不满的无底洞。皇帝虽然明知如此，但还是要不时敷衍他们。雍正虽然一再批拨专款赏赐给这些人，当时叫做“恩赏银两”，但总未能解决问题。雍正曾试行过分拨给内务府的堂、司、院各官，三旗侍卫处一定数量的款项，规定此款项只能作为母金，不许花销，只许滚利滑息，“令伊等或置房招租，或贸易取利；任其滋息分用，亦得优裕”。雍正的本意，是希望出一笔钱来翻本见

利不断滋生子息，将利息作为对内务府人员的补贴，较长远地解决问题。

乾隆时期继续执行这种赐本求利，以利银给内务府官役兵差人等作开支的办法。当时已经形成了“生息银两”制度。所谓“生息银两”即由内务府经奏准，在“内帑”资金中拨出总数以百万两计的巨款，分别交给府内外各单位“滋生”。“滋生”而来的利银一部分归入皇帝的私囊，定期向皇帝报账并解交内库；另一部分则用以支付用款单位官役人等的某些需要，作为皇帝对这部分人的在官俸之外的额外补贴。在发放、调拨和使用生息银两本利时，往往与皇当的业务活动有

着密切的联系，皇当有时亦奉钦派承担了一部分的工作。

皇帝通过内务府，以北京地区为主设置了若干皇当，对它们的运用和控制抓得很紧，这显然不是基于一时的投资兴趣，也不是仅着眼于有限的利润收入。内务府经营皇当，对于朝廷的统治和皇帝本人都有有利和方便之处。皇当对于了解社会上的金融讯息并调节其流通，以具有强大后台的官方金融机构的身份干预社会经济生活，在当时当然会起到不容低估的作用，并从这一个角度维护和加强清王朝的统治。另一方面，皇帝利用分赐当铺以照顾皇族中某些成员，将当铺利润加惠于身边的侍从警卫人员，以当铺收益顶充某些应由公帑开销的支出，既实惠又灵活，而且并不违背规定，当然是很合算的。故此，当时较大量地设置皇当，皇当在清中叶曾存在并兴旺过百年左右，乃是有其多方面的需要和条件的，绝不是一种偶然的现象。区区一当，实亦关系全局。

（二）“官当”带来的弊端

“官当”以“生息银两”作为主要的资金来源，而生息银两制度本身却存在很大的弊端。

1. 滋生腐败

清朝大力推行“生息银两”制度，加强对“生息银两”的管理，甚至不惜使用封建法律的强制力，以图防堵因此而产生的各种弊病。但是一法立而一弊生，各种贪贿行为一直与“生息银两”制度相始终。

在当时贪婪成风的封建官僚政治体制下，不论内务府抑或户部，以及各旗省官库，但逢发放较大笔银款，总被经手官员视为发横财的机会，看做是油水充足的肥差。早在康熙四十三年

(1704)，江宁织造、郎中曹寅即曾密奏说，朝廷拨借出去的生息银款，领借人实在领到的最多只有八成。翌年，长期深受康熙宠信的文人、时任经筵讲官的王鸿绪向康熙密告，当时主管铸造和发行铜币的部门钱法堂对经谕旨允借给户部宝泉局工役人等的“生息银两”，也敢肆意克扣，在借出10万两的一笔中，“钱法堂满汉堂司扣银二万，内赖都扣一万二千两入己余，八千两满汉钱局官员书吏分肥”。可见，当时的大小官吏们在经手“生息银两”的各个环节中，在一放一贷一收之间，无不要猛刮一阵，总是要雁过拔毛，中饱其中相当一部分。他们对于从白花花的银子所散发出来的特殊气味，都具有本能性的敏感和特殊爱好，这些堂皇高坐，口头上讲究致君泽民的官老爷们，其实都是一些见利必争、当“财”不让的家伙。可见，所谓“生息银两”制度，本来就是建立在一个很不健全的制度之上的，它不过为各级官吏又提供一种可以大肆贪污的机会而已。以“生息银两”作为资金来源的官当铺，其所得本钱必然也是七折八扣的。官府经营的当铺，只能是在当时官场中日趋严重的污浊习气中存在和发展，这是很清楚的。

清代的"生息银两"制度以职司宫廷管家的内务府掌管的为主体，其发放款项的数目亦为最大宗，除此之外，八旗各省各级文武衙门亦多有自己的"生息银两"以供营运。嘉庆以后，由于时局动荡，财政窘困，内务府逐渐收缩以至完全取消发放"生息银两"，由内务府经管的属于皇室所有的当铺亦基本关歇停业，以凑集资金应付军政急需，但各旗省及其下属各级官府本身掌管的"生息银两"及所开当铺,则大体上保留下来,有些一直维持到清末。因为文武各级官府都乐于自己掌有一笔周转资金，也乐于运用这笔资金以不断滋生利息，既可满足本衙门人员的一些实际需要，也可以满足官府或其主管官员某些特殊的开支。康熙中叶以后，清朝的吏治日渐废弛，贪黩成风，贿赂公行，地方各省派人到中央的户、礼、兵、刑、工各部办事，都必须交纳一笔费用，才易于了清手续，领回公文。这笔费用被称为“印结费”，意即非纳费不予用印结案，也有被笼统称为“部费”的。于是“若无部费，虽当用之项档册分明，亦以本内数字互异，或因银数几两不符，来往驳诘不准报销。一有部费，即耗费钱粮百万，亦准奏销”。其实岂止中央各部门如此，地方各府、州、县官到省级督、抚、司、道衙门办事，也必须送上“省费”礼，到盐差漕运等衙门办事，也必须送上名为“院费”的规礼，还有必须按时馈送各级长官的寿礼、节礼以及各种门包席金等等费用。各级地方官为了满足自己

的贪欲，也为了应付上官以保住自己的乌纱帽，进一步谋取升迁，往往尽力攫取一切可能到手的钱财。他们在正项钱粮库账以及养廉俸银以外，也巧立各种名目以勒收本地区的规费，尽可能掌握一部分可供运用周转的款项，多方面扩大自己的财政来源，于是各级官府掌管的“生息银两”以及开设的典当铺便很自然地成为本部门重要小金库之一和生财部门之一。由官府管理的各种“生息银两”利息中相当大的份额，甚至一部分母金，往往被当权的官僚们挥霍掉，真正被用到一般兵役身上的福利费用，自然就微乎其微。登入账籍，上报并上缴的一些“余利银”，实际上只能是贪官污吏们中饱克扣的唾余之物。这就是“官当”利率不高的主要原因。官僚们恃借职权靠生息银两侵用本利的事件，一直与“生息银两”制度相终始，其趋势愈演愈烈。

2. 国家资产流失

官当的存在为一些官员隐匿不义之财提供了方便，一些官员利用官场上的关系网，把贵重物品、金银放在当铺保存。雍正四年在查抄李维钧(李陈常之弟)之家时，一开始只抄出三千多两银子，经浙江巡抚李卫用半年时间的查访，才将其寄存在当铺内的24万两白银抄出。

清朝一方面强监督管理，将内务府及各省旗的"生息银两"本金分别交由各省督抚及分管各旗的亲王"承办"。"承办"一词，是当时的用语，其主要内涵是，各督抚亲王等领出辖属省旗的"生息本银"，负责其全部管理及运营，要求他们按期缴交月息一分的利息银(在内务府系统，后来曾将月息减为八厘)。为什么乾隆要责成清王朝最高的贵爵亲王们来分管内务府各旗的"生息银两"事务呢？很可能由于，他认为各亲王份属国亲，位尊势隆，由他们分管内府各司院或各旗的上述事务，能够令行禁止，内府及各旗的官员不敢违犯亲王们的指示和检查：而且，各亲王均拥有厚资，不一定会再在钦派承办的“生息银两”工作上再图沾益，万一发生赔累，也不怕他们赔不起，可以信任和放心。为执行谕旨，乾隆初年，好几位亲王都接受了承办的任务。据记载，恒亲王弘晊领出“生息银两”10万两，承办内务府部分司院的经营滋生事务；简亲王神保住领出白银10万两，承办正黄旗满洲、蒙古旗份的经营滋生事务；显亲王衍潢领出白银10万两，承办正白旗满洲、蒙古旗份的滋生事务；康亲王巴尔图也领出10万两白银，承办正红旗满洲、蒙古旗份的经营滋生事务。乾隆

本以为，使用如此重要的亲贵以责成，内务府各旗的“生息银两”事务必能重新振作起来，步入正轨。但是，这些亲王们如果论悠游享受，图谋私利，差不多都是行家里手，若言经营管理，解决问题，则无多大的能耐，而且大多是成事不足、败事有余的庸才。经过十多年的经营，事实证明这种经营方式是不成功的。

另一方面规定领到“生息本银”的各省旗，均责成主管必须按照规定的利率(具息八厘到一分)，定期定领上缴利银，不问经营运转的情况绝不允许拖欠，逾限不交，抄没家产。这种做法，显然是挟皇上的威权，运用法律和纪律的强制力量以对各省旗主管官员施加压力，硬性规定必须上缴的最低数目，用来保证“生息银两”制度仍能继续存在和正常运转。本来对于“官当”来说，按当时的商业利息率每月息八厘到一分，应该说是极低的利率，对于各省旗来说，本来已经给予了很大的优惠，应该说是大有可为的。只是由于当时的皇当、官当、皇店、官店以及其他营业，本身都存在非常严重的腐败现象，经管人员层层中饱，漏洞百出，达到了病入膏肓的境地。到乾隆时期，相当一部分的皇当官店，均陷入入不敷出的境地，连非常低微的利银也交不出。